Ernst Probst

Der Ostsibirische Höhlenlöwe

Eine Raubkatze aus dem Eiszeitalter

GRIN - Verlag für akademische Texte

Der GRIN Verlag mit Sitz in München hat sich seit der Gründung im Jahr 1998 auf die Veröffentlichung akademischer Texte spezialisiert.

Die Verlagswebseite www.grin.com ist für Studenten, Hochschullehrer und andere Akademiker die ideale Plattform, ihre Fachtexte, Studienarbeiten, Abschlussarbeiten oder Dissertationen einem breiten Publikum zu präsentieren.

Ernst Probst

Der Ostsibirische Höhlenlöwe

Eine Raubkatze aus dem Eiszeitalter

GRIN Verlag

Bibliografische Information der Deutschen Nationalbibliothek: Die Deutsche Bibliothek verzeichnet diese Publikation in der Deutschen Nationalbibliografie; detaillierte bibliografische Daten sind im Internet über http://dnb.d-nb.de/ abrufbar.

1. Auflage 2011
Copyright © 2011 GRIN Verlag GmbH
http://www.grin.com
Druck und Bindung: Books on Demand GmbH, Norderstedt Germany
ISBN 978-3-656-01377-8

Lebensbild eines
Europäischen Höhlenlöwen
(Panthera leo spelaea).
Zeichnung von Shuhei Tamura,
Kanagawa, Japan

Ernst Probst

Der Ostsibirische Höhlenlöwe

Eine Raubkatze
aus dem Eiszeitalter

Meiner im Sternzeichen Löwe
geborenen
Tochter Sonja gewidmet

Inhalt

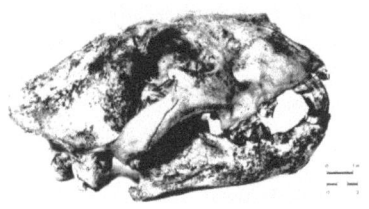

8

Dank

Für Hilfe bei der Entstehung dieses Taschenbuches danke ich:

Dr. Gennady Baryshnikov,
Zoological Institute of Russian Academy of Sciences,
St. Petersburg

Dr. Gennady Boeskorov,
Mammoth Museum of the Institute
of Applied Ecology
of the Academy of Sciences
of The Sakha Republic (Yakutia), Jakutsk

Alyssa Ganezer, Santa Monica, Kalifornien

Dr. Charles Richard (Dick) Harington,
Curator of Quaternary Zoology Emeritus,
Canadian Museum of Nature, Ottawa, Ontario

Lothar Henke, Pirna

Tansy Jefferies, Fort Lauderdale, Florida

Sergio De la Rosa Martinez, Toluca, Mexiko

Hristo Peshev, Blagoevgrad, Bulgarien

Kevin Pluck, London

Richard Scharpenberg, Castrop-Rauxel

Shuhei Tamura, Kanagawa, Japan

Europäischer Höhlenlöwe mit Beutetier.
Zeichnung des Tiermalers
Heinrich Harder (1858–1935)

Eine neue Unterart des Höhlenlöwen

2001 erfuhr die Fachwelt erstaunt von der neuen Höhlen-löwen-Unterart *Panthera leo vereshchagini*, die im Eiszeitalter vor etwa 40.000 bis 10.000 Jahren in Nordostasien und auf Beringia existierte. Diese Löwen-unterart wird als Beringia-Höhlenlöwe oder Ost-sibirischer Höhlenlöwe bezeichnet. Die wissenschaftli-che Erstbeschreibung erfolgte durch die russischen Pa-läontologen Gennady F. Baryshnikov in St. Petersburg und Gennady Boeskorov in Jakutsk. Der Beringia-Höhlenlöwe bzw. Ostsibirische Höhlenlöwe war im Ver-gleich mit dem bis zu 3,20 Meter langen Europäischen Höhlenlöwen *(Panthera leo spelaea)* größer. Vom bis zu 3,70 Meter langen riesigen Amerikanischen Höhlen-löwen *(Panthera leo atrox)* dagegen unterscheidet er sich durch seine geringere Körper- und Schädelgröße. Mit dieser Raubkatze, die durch Funde in Nordostasien und auf Beringia nachgewiesen ist, befasst sich das Taschen-buch „Der Ostsibirische Höhlenlöwe". Verfasser ist der Wiesbadener Wissenschaftsautor Ernst Probst, der zahl-reiche Taschenbücher über Raubkatzen aus grauer Ur-zeit geschrieben und veröffentlicht hat. Aus seiner Fe-der stammen Werke über urzeitliche Säbelzahnkatzen, Dolchzahnkatzen, Jaguare, Mosbacher Löwen, Höhlen-löwen, Leoparden und Geparde.

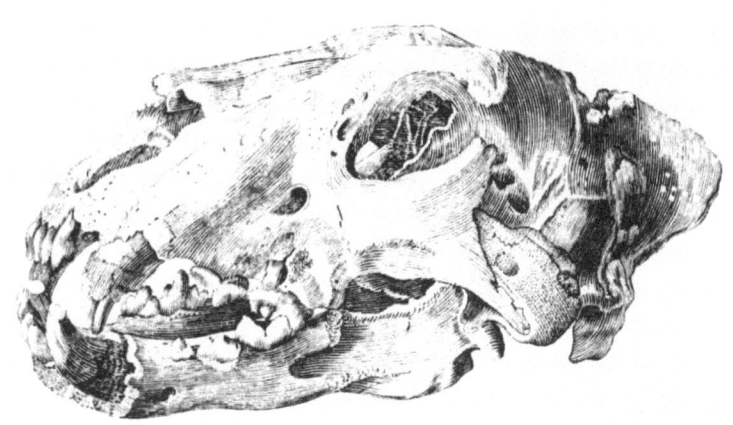

Zeichnung des Originalfundes aus der Zoolithenhöhle von Burggaillenreuth bei Muggendorf in der Fränkischen Schweiz (Bayern), nach dem der Europäische Höhlenlöwe (Panthera leo spelaea) 1810 erstmals beschrieben worden ist.

Der deutsche Arzt und Naturforscher Georg August Goldfuß (1782–1848) beschrieb 1810 den Europäischen Höhlenlöwen (Panthera leo spelaea) anhand eines Schädelfundes aus der Zoolithenhöhle von Burggaillenreuth bei Muggendorf in der Fränkischen Schweiz.

Russischer
Paläontologe
Gennady
F. Baryshnikov
aus St. Petersburg.
Er und
Gennady Boeskorov
beschrieben 2001
den Ostsibirischen
Höhlenlöwen oder
Beringia-
Höhenlöwen
(Panthera leo
vereshchagini).

Russischer
Paläontologe
Gennady
Boeskorov
aus Jakutsk

Der Beringia-Höhlenlöwe oder Ostsibirische Höhlenlöwe
Panthera leo vereshchagini

In Nordostasien und auf Beringia existierte im Eiszeitalter vor etwa 40.000 bis 10.000 Jahren der Beringia-Höhlenlöwe (*Panthera leo vereshchagini*), der erst 2001 von den russischen Forschern Gennady F. Baryshnikov und Gennady Boeskorov beschrieben und somit der Fachwelt bekannt wurde. Diese Löwenunterart wird auch als Ostsibirischer Höhlenlöwe bezeichnet.

Baryshnikov leitet das „Faunas Department" am „Zoological Institute of Russian Academy of Sciences" in St. Petersburg und ist Spezalist für Säugetiere aus dem Quartär (etwa 2,3 Millionen Jahre bis heute). Boeskorov wirkt am „Mammoth Museum of the Institute of Applied Ecology of the Academy of Sciences of The Sakha Republic (Yakutia)" in Jakutsk.

Untersuchungen von Schädeln und Oberkiefern dieser ciszcitlichen Großkatze zeigten, dass es sich um eine bisher unbekannte Unterart handelt, die sich von anderen prähistorischen Löwen unterscheidet. Bereits 1985 waren dem finnischen Paläontologen Björn Kurtén (1924–1988) Unterschiede zwischen den Beringia-Höhlenlöwen und anderen Unterarten der Höhlenlöwen aufgefallen.

Die Aufstellung der neuen Höhlenlöwen-Unterart *Panthera leo vereshchagini* findet in der Fachwelt aber

Kanadischer Paläontologe Charles Richard (Dick) Harington aus Ottawa mit Schädelrest eines Steppenwisents (Bison priscus) aus dem Old Crow Basin im Yukon (Kanada). Nach seiner Ansicht gehören die Höhlenlöwen aus Kanada und Alaska der Unterart Panthera leo spelaea an.

nicht nur Gegenliebe. Nach Ansicht des kanadischen Paläontologen Charles Richard (Dick) Harington aus Ottawa gehören die Höhlenlöwen aus Kanada und Alaska der Unterart *Panthera leo spelaea* an. Er sagt: „I think that the name *Panthera leo vereshchagini* is a case of taxonomic ‚splitting'".

Im Vergleich zum bis zu 3,20 Meter langen Europäischen Höhlenlöwen (*Panthera leo spelaea*) ist der Beringia-Höhlenlöwe größer. Vom bis zu 3,70 Meter langen riesigen Amerikanischen Höhlenlöwen (*Panthera leo atrox*) dagegen unterscheidet er sich durch seine geringere Größe und andere Schädelproportionen. Sein Schädel ist kürzer als derjenige des Amerikanischen Höhlenlöwen.

Bei den Untersuchungen von Baryshnikov und Boeskorov hatten zwei Höhlenlöwenschädel vom Fluss Kolyma in Jakutien vorgelegen, die beide im Sommer entdeckt worden waren. Diese Schädel sind 30 bzw. 31 Zentimeter lang. Bei einem dieser Höhlenlöwenschädel wurde mit Hilfe der Radiocarbon-Methode ein Alter von etwa 36.000 Jahren ermittelt.

Auf Anfrage des Wiesbadener Wissenschaftsautors Ernst Probst teilte der russische Paläontologe Gennady Boeskorov per E-Mail mit, dass bisher noch kein komplettes Skelett und keine Mumie des Beringia-Höhlenlöwen gefunden worden sind. Dessen großer Schädel habe eine ähnliche Dimension wie der eines heutigen Amur-Tigers.

Als Fundorte von *Panthera leo vereshchagini* werden in der Literatur erwähnt: der Kolyma-Fluss (Sibirien/ Russland), Fairbanks Creek, Lost Chicken Creek, Kaolak River (alle drei in Alaska/USA) sowie Hunker Creek und

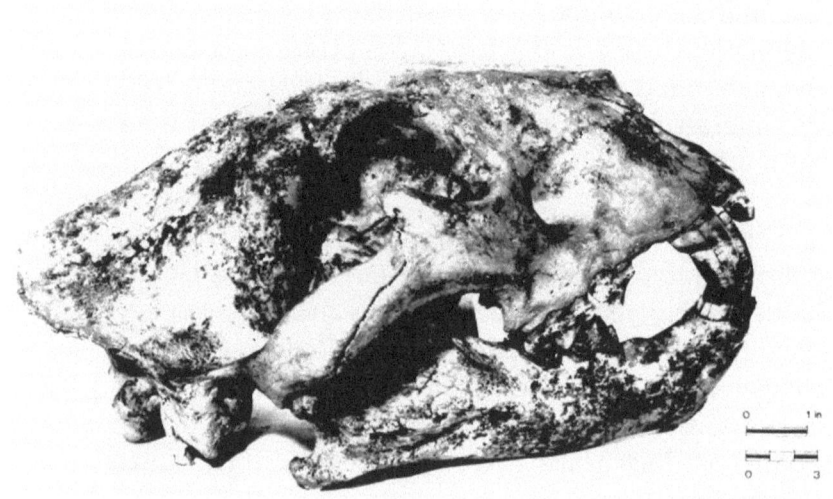

Kompletter Schädel eines Ostsibirischen Höhlenlöwen vom Fundort Hunker Creek bei Dawson City im Yukon (Kanada). Länge des Fossils: etwa 45 Zentimeter. Orginal in der Quaternary Zoology Collection des Canadian Museum of Nature in Ottawa (Katalognummer: CMN 13472).

Last Chance Creek bei Dawson City, Thistle Creek und Bluefish Caves (alle vier in Kanada).

An der etwa 36.000 Jahre alten Mumie eines Steppenwisents, die 1979 von einem Goldsucher im Dauerfrostboden von Fairbanks Creek (Alaska) entdeckt wurde, fand man Hinweise darauf, dass dieses Tier von einem Beringia-Höhlenlöwen angegriffen und getötet worden war. In der Mumie des etwa acht- bis neunjährigen Steppenwisents steckte ein Stück vom Zahn eines Höhlenlöwen. Auf der Haut des Steppenwisents sind Kratzer sichtbar, die von einem Höhlenlöwen stammen. Am Maul erkannte man die Abdrücke des typischen Todesbisses, wie Großkatzen ihn oft bei großen Beutetieren praktizieren. Dieser Steppenwisent wird wegen blauer Mineralien (Vivianite), die größtenteils seinen Körper umgaben, „Blue Babe" genannt. Der eindrucksvolle Fund ist im Museum der University of Alaska in Fairbanks zu bewundern.

Am Fundort Lost Chicken Creek (Alaska) kamen ein Oberkiefer- und ein Extremitätenrest von einem männlichen Beringia-Höhlenlöwen zum Vorschein. Diese Fossilien wurden neben Resten anderer Eiszeittiere (Mammut, Bison, Wildesel, Rentier, Rothirsch, Saiga-Antilope, Vielfraß, Wolf) auf dem Gelände einer Goldmine entdeckt.

Am Kaolak River (Alaska) hat man den fragmentarisch erhaltenen rechten Oberkieferast eines Beringia-Höhlenlöwen entdeckt. Diese Lokalität wird in der Literatur als der nördlichste Fundort eines Höhlenlöwen bezeichnet. Etwa 1600 Kilometer vom Kaolak-River entfernt liegt der Alazeja-Fluss in Sibirien, ein weiterer Fundort des Beringia-Höhlenlöwen.

Mumie eines Steppenwisents („Blue Babe") von Fairbanks Creek (Alaska), der von einem Ostsibirischen Höhlenlöwen getötet wurde. Original im Museum der University of Alaska in Fairbanks.

Als eines der am besten erhaltenen Fossilien des Beringia-Höhlenlöwen gilt ein vollständiger Schädel vom Fundort Hunker Creek bei Dawson City im Yukon (Kanada). Der bemerkenswert große Schädel ist etwa 45 Zentimeter lang. Das Yukon – bis 2003 offiziell Yukon Territory genannt – ist ein Territorium im Nordwestteil von Kanada. Es grenzt im Westen an das Gebiet von Alaska (USA), im Osten an die Nordwest-Territorien und im Süden an die Provinz British Columbia (beide Kanada). Rund 75 Prozent der etwa 31.000 Einwohner des Yukon leben in der Hauptstadt Whitehorse.

Am Höhlenlöwen-Fundort Last Chance Creek bei Dawson City (Kanada) im Yukon haben zwei Goldgräber 1993 den teilweise erhaltenen Kadaver eines kleinen Wildpferdes (*Equus lambei*) entdeckt. Dabei handelt es sich um den am besten konservierten Kadaver eines größeren Eiszeittieres in Kanada. Der größte Teil des rechten Vorderbeins, einschließlich getrocknetem Fleisch, Haut und Haaren im unteren Bereich, und ein Großteil des Felles und der Mähne waren intakt. Datierungen mit der Radiocarbon-Methode (C14-Methode) ergaben ein Alter von etwa 26.000 Jahren.

Vom Fundort Thistle Creek im Klondike-Bezirk im Yukon ist ein Fossil des Beringia-Höhlenlöwen aus der Zeit vor etwa 32.750 Jahren – also vor dem Höhepunkt der letzten Eiszeit – bekannt. Das geologische Alter dieses Fundes wurde mit Hilfe der Radiocarbon-Methode ermittelt.

Zu den bekannten Fundorten des Beringia-Höhlenlöwen im Yukon zählen die Bluefish Caves (Blaufisch-Höhlen) am Bluefish River. Diese Höhlen befinden sich etwa 50 Kilometer südwestlich von Old Crow (mehr als 260

Die Paläontologen Nikolai K. Vereshchagin (mit Stock) aus St. Petersburg und Pavel Putchkov aus Kiew suchen bei einer Exkursion während der „2nd International Mammoth Conference" in der Maasvlakte bei Rotter-dam (Niederlande) nach eiszeitlichen Fossilien. Nach Vereshchagin ist der Ostsibirische Höhlenlöwe oder Beringia-Höhlenlöwe (Panthera leo vereshchagini) be-nannt.

Einwohner) im nördlichen Yukon. Sie wurden 1976 von Fischern entdeckt. 1978 und 1979 nahm der kanadische Archäologe Jacques Cinq-Mars aus Quebec dort Ausgrabungen vor. Zum Fundgut gehören Knochen vom Wildpferd, Bison, Rentier, der Antilope und vom Höhlenlöwen.

An einigen Tierknochen aus den Bluefish Caves sind Schnittspuren erkennbar, welche die Anwesenheit menschlicher Jäger in dieser Gegend bezeugen. Ein 1985 in den Bluefish Caves entdeckter großer Mammutknochen mit menschlichen Bearbeitungsspuren konnte auf ein Alter von etwa 24.500 Jahren datiert werden.

Der Wortteil Beringia im Begriff Beringia-Höhlenlöwe erinnert an eine Landbrücke im Eiszeitalter zwischen Sibirien (Russland) und Alaska (USA). Mit dem Artnamen *vereshchagini* wird der russische Wissenschaftler Nikolai K. Vereshchagin, der sich um die Erforschung fossiler Raubkatzen verdient gemacht hat, geehrt. Vereshchagin wirkte am „Zoological Institute of Russian Academy of Sciences" in St. Petersburg.

Der Beringia-Höhlenlöwe lebte in einem Gebiet, welches heute Jakutien in Nordostsibirien (Russland), Alaska (USA) und das Yukon (Kanada) umfasst. Dort herrscht gegenwärtig ein kaltes Klima und leben verhältnismäßig wenig Menschen (in Alaska rund 16 Prozent Eskimos und Indianer).

Beringia heißt eine zeitweise durchgängige Landbrücke zwischen Asien und Nordamerika. Über diese konnten wahrscheinlich irgendwann zwischen etwa 40.000 und 14.000 Jahren auch die ersten Menschen (Paläo-Indianer) nach Nordamerika einwandern.

Im Yukon (Kanada)
jagten einst Beringia-Höhlenlöwen

Das Fellnashorn war
ein Zeitgenosse des Beringia-Höhlenlöwen

Das Mammut:
ein Zeitgenosse des Beringia-Höhlenlöwen

Der Begriff Beringia wurde 1937 von dem schwedischen Botaniker Eric Hultén (1894–1981) geprägt. Ihm war die erstaunliche Ähnlichkeit der Pflanzen zu beiden Seiten der Beringstraße aufgefallen. Aus diesem Grund vermutete er, Sibirien (Russland) und Alaska (USA) seien einst durch eine Landbrücke verbunden gewesen, die er Beringia nannte. Hulténs Theorie wurde eindrucksvoll bestätigt, als man vom heutigen Meeresboden in der Beringsee Bodenproben nahm. Die Proben enthielten Reste von Landpflanzen, die auf dem einst trockenen Meeresboden wuchsen.

Die Landbrücke Beringia lag dort, wo heute die Beringstraße den nördlichen Abschluss des Beringmeeres bildet. Beringia war Teil eines fast 35 Millionen Quadratkilometer umfassenden eisfreien Gebietes. Es reichte vom Fluss Lena in Ostsibirien bis zum Mackenzie River in Kanada und nahm einen Teil des heutigen Nordpolarmeeres ein.

Mehrfache Eisvorstöße und -rückzüge sowie die damit verbundenen Änderungen des Meeresspiegels bewirkten in den letzten 100.000 Jahren, dass Beringia wiederholt aus dem Meer auftauchte und wieder versank. Zeitweise war der Meeresspiegel durch die Eismassen, die große Wassermengen der Ozeane in sich banden, um bis zu etwa 125 Meter abgesunken. Deswegen konnte eine rund 40 bis 50 Kilometer breite und bis zu 85 Kilometer lange, wellenartige Landschaft entstehen, welche die beiden Festländer miteinander verband.

Auf der Landbrücke Beringia bildete sich eine Grassteppe bzw. Mammutsteppe, in der Gräser und krautartige Gewächse gediehen, aber kaum Bäume wuchsen. In dieser Steppe lebten Mammute, Fellnashörner, Wild-

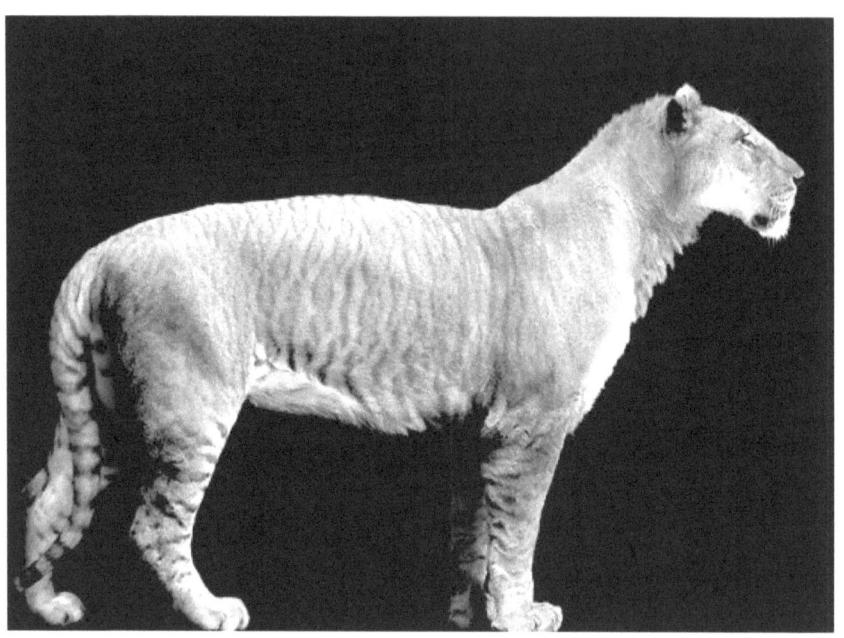

Rekonstruktion des Amerikanischen Höhlenlöwen (Panthera leo atrox) durch den Künstler Sergio De la Rosa Martinez aus Toluca in Mexiko. Diese Raubkatze existierte vor etwa 100.000 bis 10.000 Jahren in Nord- und Südamerika.

Denkmal zweier Amerikanischer Höhlenlöwen (Panthera leo atrox) von Rancho La Brea in Los Angeles (Kalifornien). An diesem Fundort hat man zahlreiche Tiere aus dem Eiszeitalter entdeckt.

Lebensbild der aus Nordamerika bekannten Säbelzahn-katze Homotherium serum von Hristo Peshev in Bla-goevgrad (Bulgarien). Diese Raubkatze war ein räube-rischer Konkurrent des Nordostsibirischen Höhlenlöwen.

pferde, Steppenwisente, Rentiere und Moschusochsen. Ihnen folgten Raubtiere – wie Wölfe, Höhlenlöwen und Säbelzahnkatzen (*Homotherium serum*) – sowie menschliche Jäger und Sammler.

Nach Ansicht des Deutschen Hans Krause, der acht Jahre lang im Yukon (Kanada) gewohnt hat, haben Mammute, Höhlenlöwen und andere Tiere auf Beringia nicht in einem strengen, arktischen Klima ausschließlich auf einer Steppe gelebt. Stattdessen vermutet er ein mildes, gemäßigtes Klima ohne arktischen Winter, ohne Eis und Schnee sowie gebietsweise hohes Grasland mit Inseln von Bäumen und Sträuchern.

Der erste bekannte Fund der Säbelzahnkatze *Homotherium serum* im Gebiet der ehemaligen Landbrücke Beringia glückte am 28. Juli 1968 am Ufer des Old Crow-Flusses im nördlichen Yukon in Kanada. Es war ein kühler, wolkiger Nachmittag, erinnert sich Hans Krause. Bei diesem seltenen Fund handelte es sich um einen rechten Unterkieferast mit Backenzähnen.

Welche Pflanzen auf Beringia gediehen, verrät die Magenanalyse einer Mammutmumie: Salbei (*Artemisia alaskana*), Vielblättrige Schafgarbe (*Archillea millefolium*), Fünffingerkraut (*Aquilegia formosa*), Jakobsleiter (*Polemonium pulcherriumum*), Arktische Lupine (*Lupinus arcticus*), Windblume (*Anemone parviflora*), Balsam-Pappel (*Populus balsamifera*), Zwergweide (*Salix alexensis*), Zwergbirke (*Salix glandulosa*) und Wollgras (*Eriophorium scheuchzeri*).

Eine weitere Landbrücke zwischen Asien und Nordamerika war im Eiszeitalter die Beringbrücke. Sie befand sich – mehr als 1500 Kilometer südlich von Beringia – entlang der Komman-deursinseln (Russland) und der

In Sibirien tanzen heute noch wie ehedem Schamanen

langgestreckten Aleüten (USA). Diese Landbrücke verband die Ostküste des heutigen Sibirien (Russland) mit der Westküste des jetzigen Alaska (USA).

Während der Wisconsin-Eiszeit (etwa 80.000 bis 10.000 Jahre) breitete sich der kanadische Eisschild immer mehr aus. Zur Zeit des Höhepunktes dieser Eiszeit war fast die Hälfte Nordamerikas vom Eis bedeckt.

Durch den kanadischen Eisschild sind Yukon (Kanada) und Alaska (USA) vom übrigen Nordamerika getrennt worden. Dadurch wurden die Höhlenlöwen nördlich und südlich des Eisschildes isoliert. Im Norden lebten die Beringia-Höhlenlöwen und im Süden die Amerikanischen Höhlenlöwen.

In Jakutien (Sibirien), das seit 1991 Republik Sacha heißt, einem der Fundgebiete des Beringia-Höhlenlöwen, herrschen heute noch teilweise Verhältnisse wie im Eiszeitalter bzw. wie in der Steinzeit. Im Dreieck, das die Orte Jakutsk, Oimjakon und Werchojansk bilden, liegt der Kälte-Nordpol der nördlichen Erdhalbkugel. Oimjakon wird im „Guiness Buch der Rekorde" als kältestes Dorf der Welt erwähnt, weil dort minus 72 Grad gemessen wurden. Im Nordwesten von Jakutien, im Lenabassin und an der östlichen Eismeerküste, reicht der Permafrost (Dauerfrost) bis in 250 Meter Tiefe.

Wenn im Frühjahr das Schmelzwasser die Böschungen in den Flussbiegungen freilegt, kommen in Jakutien gefrorene Mammute zum Vorschein. Die Ewenen, Jakugiren und Jakuten tragen gerne Schmuckstücke aus Mammutelfenbein. Pelztierfang, Jagd und Fischfang mit aus der Steinzeit stammenden Techniken haben eine gewisse Bedeutung im Norden Jakutiens. Die Ewenen bitten immer noch das Feuer um Jagderfolg sowie Glück

Der Kurznasenbär (Arctodus simus) war vermutlich auf dem Festland das größte Raubsäugetier des Eiszeitalters. Er erreichte eine Schulterhöhe bis zu 1,80 Metern und aufgerichtet eine Höhe von etwa 3,40 Metern.

und Erfolg in der Familie. Es gibt sogar in der Gegenwart einige Schamanen (Zauberer).

Beringia-Höhlenlöwen jagten in der Steppe vor allem Wildpferde, Steppenwisente und Rentiere. Gelegentlich brachten sie wohl auch junge Mammute zur Strecke.

Für Beringia-Höhlenlöwen war mitunter die Jagd auf große Beutetiere gefährlich. Das belegen Funde von Höhlenlöwen-Kieferknochen mit großen Schwellungen aus dem Yukon in Kanada. Die Schwellungen waren wohl die Folge davon, dass von Höhlenlöwen attackierte Wildpferde mit ihren Hufen den Angreifer am Kopf getroffen hatten.

Der Höhepunkt der letzten Eiszeit war vor etwa 27.000 bis 14.000 Jahren. Die Tierwelt während dieser Zeitspanne ist durch zahlreiche Fossilfunde aus dem Klondike-Bezirk im Yukon in Kanada gut bekannt. Dazu gehören beispielsweise Kurznasenbär (*Arctodus simus*), Wildpferd (*Equus lambei*), Mammut (*Mammuthus primigenius*), Amerikanisches Mastodon (*Mammut americanum*), Westliches Kamel (*Camelops hesternus*), Dall-Schaf (*Ovis dalli*), Waldland-Moschusochse (*Bootherium bombifrons*) und Tundra-Moschusochse (*Ovibus moschatus*). Für viele Funde aus dem Klondike-Bezirk und Sixtymile-River-Gebiet in Kanada hat man das geologische Alter mit der Radiocarbon-Methode ermittelt.

Beringia ist gegen Ende der letzten Eiszeit teilweise verschwunden. Vor etwa 14.000 Jahren wurde es merklich wärmer. Die Gletscher in der nördlichen Hemisphäre schmolzen und es entstanden riesige Mengen von Schmelzwasser. Der Meeresspiegel stieg weltweit an und

Westliches Kamel (Camelops hesternus)

tiefliegende Gebiete – wie große Teile von Beringia – wurden vom Meer überflutet.

Das wärmere Klima hatte zur Folge, dass die Niederschläge zunahmen. Nun breiteten sich immer stärker Moose und kleine Bäume aus. Die Wälder verdrängten die Grasländer der Mammutsteppe.

Mit den Steppen verschwanden die Herden der auf Gräser spezialisierten Tiere wie Mammut, Steppenbison und Wildpferd. Dadurch verloren auch deren Jäger wie der riesige Kurznasenbär, der aufgerichtet eine Höhe von etwa 3,40 Metern erreichte, der Beringia-Höhlenlöwe und die Säbelzahnkatze (*Homotherium serum*) ihre Nahrungsgrundlage. Einige Tiere wie der Moschusochse zogen in andere Gegenden. Wolf, Luchs, Rotfuchs, Karibou, Vielfraß und Schneehase dagegen blieben.

Teilgebiete der im Meer untergegangenen Landbrücke Beringia sind heute noch in Sibirien sowie in den nördlichen und zentralen Teilen Alaskas und des Yukon in Kanada sichtbar.

Schöpfungsgeschichten der Indianer im Yukon schildern Ereignisse am Ende der letzten Eiszeit. Zudem reflektieren sie Umweltveränderungen und gewaltige Fluten.

Im Dauerfrostboden von Beringia, der seit der letzten Eiszeit gefroren ist, blieben viele Reste von Eiszeittieren erhalten. Goldsucher in Alaska und in Kanada (Yukon) finden immer wieder Fossilien, wenn sie den Dauerfrostboden abtragen, um an darunter liegende goldhaltige Schotter zu gelangen. Vielleicht entdecken sie irgendwann auch die Mumie eines Beringia-Höhlenlöwen oder einer Säbelzahnkatze oder sogar eines Eiszeit-Menschen.

Über die Landschaft, Pflanzen- und Tierwelt sowie die Eiszeit-Menschen von Beringia informiert das „Yukon Beringia Interpretive Centre" in Whitehorse im Yukon (Kanada). Dieses ist unter der Adresse http://beringia.com/centre_info/index.html im Internet zu finden.

Früher Jetztmensch (Homo sapiens sapiens) aus der Zeit des Aurignacien vor etwa 32.000 Jahren beim Schnitzen eines „Löwenmenschen" aus Mammutelfenbein, wie er in der Höhle Hohlenstein-Stadel bei Asselfingen (Alb-Donau-Kreis) in Baden-Württemberg gefunden wurde

Höhlenlöwen
in der Kunst der Eiszeit

Höhlenlöwen spielten in der Gedankenwelt der eiszeitlichen Jäger und Sammler sicherlich eine große Rolle. Kein Wunder: Waren doch Begegnungen mit solchen Raubkatzen oft lebensgefährlich. Auf eiszeitlichen Kunstwerken aus Europa in Form von Höhlenmalereien, Gravierungen und Schnitzereien sind Höhlenlöwen eindrucksvoll dargestellt. Ihre Kraft, Wildheit und Gefährlichkeit übten wohl eine große mystische Anziehungskraft aus.

Besonders eindrucksvolle Löwendarstellungen befinden sich unter den Tierbildern aus der Chauvet-Höhle in Nähe der südfranzösischen Kleinstadt Vallon-Pont-d'Arc im Departement Ardèche. Diese im Dezember 1994 durch die französischen Speläologen Jean-Marie Chauvet, Eliette Brunel Deschamps und Christian Hillaire im Tal der Ardèche entdeckte Höhle enthält Bilder von Fellnashörnern, Wildpferden, Höhlenlöwen und anderen eiszeitlichen Tieren. Der schmale Einstieg in die Höhle hatte sich durch einen Luftzug verraten.

Mit Hilfe der Radiocarbon-Methode (C14-Methode) konnten die mehr als 300 Wandbilder mit über 400 Tierdarstellungen in der Chauvet-Höhle auf ein Alter zwischen etwa 33.000 und 30.000 Jahren datiert werden. Sie gelten als die ältesten bekannten Höhlenmalereien und Höhlenzeichnungen.

Wegen ihrer schier unglaublich hohen Qualität drängt sich zunächst der Eindruck einer Fälschung auf, doch eine solche ist – laut Online-Lexikon „Wikipedia" – allein schon auf Grund der Versinterung der Farbaufträge auszuschließen. Trotzdem gibt es von Seiten prominenter Chronologie-Kritiker nach wie vor Fälschungsvorwürfe, die von der Fachwelt aber allgemein als abwegig betrachtet werden.

Unter den Tierbildern der Chauvet-Höhle befinden sich 71 Darstellungen von Höhlenlöwen mit unterschiedlicher Körperhaltung – von aufmerksam-lauernd bis drohend-aggressiv. Weil die männlichen Höhlenlöwen im Gegensatz zu heutigen Löwen keine Mähne trugen, kann man sie nur wegen ihrer größeren Maße und teilweise wegen der Darstellung ihres Geschlechtsteils von den weiblichen unterscheiden. Bei einer Raubkatze mit geflecktem Fell aus der Chauvet-Höhle soll es sich um einen Leoparden handeln.

Die Tierbilder in der Chauvet-Höhle sind von Jägern und Sammlern aus der Kulturstufe des Aurignacien (vor etwa 35.000 bis 29.000 Jahren) geschaffen worden. Der Begriff Aurignacien wurde 1869 durch den französischen Prähistoriker Gabriel de Mortillet (1821–1898) eingeführt. Namengebender Fundort ist die Höhle von Aurignac im Departement Haute-Garonne. Außer in Frankreich war diese Kulturstufe auch in Italien, Österreich, Deutschland und Tschechien verbreitet. Im Nahen und Mittleren Osten trat das Aurignacien sogar schon vor etwa 40.000 Jahren auf.

Als geheimnisvollstes Kunstwerk aus dem Aurignacien in Deutschland gilt ein 29,6 Zentimeter hohes, aus Mammutelfenbein geschnitztes Mensch-Tier-Wesen aus der Höhle Hohlenstein-Stadel im Lonetal bei Asselfingen (Alb-Donau-Kreis) in Baden-Württemberg. Die vor etwa 32.000 Jahren geschaffene Figur steht aufrecht wie ein Mensch, trägt den Kopf einer Höhlenlöwin mit nach vorn gerichteten Ohren, sie blickt aufmerksam in die Ferne, hat einen ruhig herabhängenden linken Arm (der rechte fehlt), gespreizte Beine und Füße mit Hufen.

Auf dem linken Arm des „Löwenmenschen" wurden Einschnitte vorgenommen. Im Bereich des Bauches schließt eine scharf geschnittene Querrille fast in der Mitte zwischen Nabel und Schritt den Schamberg oben ab. Dessen Dreieck tritt durch die markant geschnittenen Leisten- und Schenkellinien deutlich hervor. Das Mensch-Tier-Wesen besitzt demnach weibliches Geschlecht. Die schräg gestellten Fußsohlen eigneten sich nicht als Standflächen. Man weiß nicht, ob diese Figur einst gestützt, aufgehängt, gelegt oder getragen wurde.

Die Entdeckungsgeschichte dieses „Löwenmenschen" ist ungewöhnlich. 1937 begann der Tübinger Prähistoriker Robert Wetzel (1898–1962) mit systematischen Grabungen im Hohlenstein-Stadel. Zwei Jahre später bewirkte der Ausbruch des Zweiten Weltkrieges das abrupte Ende der Untersuchungen. Der Geologe Otto Völzing (1910–2001), der Grabungsleiter vor Ort, packte die Funde eilig zusammen und ließ sie abtransportieren. Zum Fundgut gehörten rund 200 Bruchstücke eines Mammutstoßzahns, der zwei Tage zuvor – am 25. August 1939 – etwa 27 Meter hinter dem Höhleneingang in etwa einem Meter Tiefe geborgen worden war. Die Funde kamen ins Ulmer Museum, dem Wetzel später seine Sammlung – darunter die Bruchstücke – vermachte.

Bei der Inventarisierung des Fundgutes aus dem Hohlenstein-Stadel im Ulmer Museum wurden 1970 die Bruchstücke des Mammutstoßzahns in einem Karton voller Tierreste wieder entdeckt. Die Tübinger Prähistoriker Joachim Hahn (1942–1997), Hartwig Löhr und Gerd Albrecht bemerkten an den Bruchstücken deutliche Bearbeitungsspuren.

Unter den Händen von Joachim Hahn entstand allmählich eine menschenähnliche Figur, an der man einen Kopf, einen Arm und zwei Beine erkennen konnte. Ein hoch gesetztes rundes Ohr deutete eher auf ein Tier als auf einen Menschen hin. Weil das Gesicht fehlte, blieb unklar, ob es sich um einen Bären oder um eine große Raubkatze handelte.

1972 wurde der Torso der Figur bei einer Tagung von Eiszeitforschern vorgestellt. Dabei erinnerte sich ein ehemaliger Grabungsteilnehmer an einige Bruchstücke aus dem Hohlenstein-Stadel, die der inzwischen verstorbene Robert Wetzel in seinem Arbeitszimmer an der Universität Tübingen aufbewahrt hatte. Diese Bruchstücke erwiesen sich als der rechte Teil des Hinterkopfes und ein Teil des rechten Armes der Figur.

Etliche Jahre später lieferte eine Mutter im Ulmer Museum einige Funde ab, die ihr kleiner Sohn bei einer Wanderung im Hohlenstein-Stadel entdeckt hatte. Darunter befand sich ein Bruchstück, das der Figur ihr Gesicht gab: Es war das Antlitz eines Höhlenlöwen. 1982 stand fest, dass Jäger und Sammler aus der jüngeren Altsteinzeit ein Mischwesen mit Merkmalen von Mensch und Löwe geschaffen hatten. Ob es sich um einen Mann oder um eine Frau handelte, wusste man damals noch nicht. Das Rätsel über das Geschlecht der Figur löste man erst, als Fehler beim ersten Zusammenfügen der Figur korri giert wurden. Ein bis dahin recht männlich wirkender dreieckiger Fortsatz zwischen den Beinen wanderte in der merklich kompakteren neuen Zusammensetzung von 1987/1988 weiter nach oben. Weil das Dreieck von einer waagrechten Bauchkerbe abgeschlossen wird, wie sie für weibliche Aktdarstellungen typisch ist, deutete die Basler Paläontologin Elisabeth Schmid (1912–1994) es als weibliche Scham.

In der Folgezeit bezeichnete man die Figur aus dem Hohlenstein-Stadel als Figur einer Frau mit dem Kopf einer Löwin. Weil an der gesamten Vorderfront der Figur die originale Oberfläche abgeplatzt ist, entschied sich das Ulmer Museum für die geschlechtsneutrale Bezeichnung „Löwenmensch", die bis heute üblich ist.

Das mysteriöse Mischwesen aus dem Hohlenstein-Stadel könnte sich vielleicht einmal als Schlüsselfigur für das Verständnis der Aurignacien-Leute erweisen. Noch weiß man nicht, was die damaligen Jäger und Sammler bewogen hat, solche „Löwenmenschen" bildlich darzustellen. Handelte es sich dabei um das Abbild eines Schamanen, also eines Zauberers, der sich ein Löwenfell übergestülpt hatte? Oder sollte der „Löwenmensch" eine Gottheit darstellen, der man mit solchen Figuren gehuldigt hat? Der Originalfund des „Löwenmenschen" ist im Ulmer Museum zu bewundern.

Nur wenige hundert Meter vom Fundort des Mischwesens aus dem Hohlenstein-Stadel entfernt wurde am 5. Mai 2007 in der ehemaligen Mönchsklause des Weilers Lindenau beim Lonetal die „Höhle des Löwenmenschen" eröffnet. Diese Höhle präsentiert eine ständige Ausstellung über den mysteriösen „Löwenmenschen".

Als weitere „Löwenmenschen" werden aus Mammutelfenbein geschnitzte kleine Figuren aus den Höhlen Geißenklösterle bei Blaubeuren-Weiler im Lonetal und Hohler Fels im Achtal bei Schelklingen (beide im Alb-Donau-Kreis) aus Baden-Württemberg diskutiert. Bei der 1979 entdeckten, 3,8 Zentimeter hohen Figur mit erhobenen Armen aus dem Geißenklösterle ist die oberste Schicht, die das Gesicht enthielt, abgeplatzt. Zwischen den gespreizten Beinen dieses Wesens befindet sich etwas wie ein drittes Bein, das womöglich den Schwanz eines Höhlenlöwen darstellt. Nur 2,5 Zentimeter groß ist die 2002 im Hohlen Fels gefundene Figur. An ihr fehlen die Beine, mit denen zusammen sie wohl knapp doppelt so hoch gewesen sein dürfte. Diese kleine Figur lässt Einzelheiten schlechter erkennen als die große Statuette aus dem Hohlenstein-Stadel. Doch man kann Augen, ein rundes Ohr, die Schnauze und den Mund erkennen.

Das Mischwesen aus dem Hohlenstein-Stadel repräsentiert vielleicht ein Maximum an Kraft und Stärke. Wenn diese Vermutung zuträfe, könnte es sich dabei um die Darstellung einer Gottheit handeln, vielleicht um den Herrn der Tiere oder des Jagdreviers. Daneben werden die Löwenfiguren aus der Vogelherdhöhle (Kreis Heidenheim) sowie die Bärenfigur aus dem Geißenklösterle bei Blaubeuren-Weiler (alle in Baden-Württemberg) als Sinnbild für Kraft und Stärke angesehen. Sie dürften wohl als bewegliche Heiligtümer gedient haben. Manche Prähistoriker spekulieren darüber, ob die Aurignacien-Leute bestimmte Tiere als Schutzgeist – sozusagen als zweites Ich – betrachteten. Vielleicht haben sich die damaligen Jäger sogar mit den von ihnen getöteten Wildtieren durch bestimmte Riten versöhnt.

Besonders gelungene Tierfiguren aus Elfenbein wurden vor etwa 32.000 Jahren in der erwähnten Vogelherdhöhle zu unterschiedlichen Zeiten abgelegt. Bei den ersten Ausgrabungen des Tübinger Prähistorikers Gustav Riek (1900–1976) im Jahre 1931 kurz nach der Entdeckung des Höhleneingangs hat man dort elf Tierfiguren entdeckt. Diese Kunstwerke lagen in zwei unterschiedlich alten Grabungsschichten und sind nur wenige Zentimeter groß.

In der unteren Grabungsschicht kamen sechs Tierfiguren zum Vorschein: zwei Mammute, ein Wildpferd, ein Rentier, ein Bär und eine Raubkatze, die von Riek zunächst als Panther, später als Höhlenlöwe gedeutet wurde.

In der oberen Grabungsschicht fand man vier Figuren: ein Mammut, einen Bison, einen mutmaßlichen Höhlenlöwen und eine Figur, die vielleicht eine menschliche Gestalt darstellen könnte. Ein kleiner Löwenkopf mit 2,9 Zentimeter Länge, 2,1 Zentimeter Höhe und 0,6 Zentimeter Dicke konnte keiner der beiden Fundschichten zugeordnet werden.

Bei Nachgrabungen in der Vogelherdhöhle entdeckte der Prähistoriker Nicholas Conrad von der Universität Tübingen 2007 im Abraum der Grabung von 1931 weitere Tierfiguren: ein Mammut, einen lauernden Höhlenlöwen, der auch als Schnee-Leopard diskutiert wird, und weitere Bruchstücke von Tierfiguren. Conrad gräbt und forscht seit Jahren am Südrand der Schwäbischen Alb.

Die Tierfiguren aus der Vogelherdhöhle wirken erstaunlich realistisch, obwohl Details manchmal fehlen oder übertrieben dargestellt sind. Da an etlichen der Tierfiguren aus der Vogelherdhöhle Reste von Ösen erkennbar sind, dürften sie als Amulette gedient haben, die dem Träger vielleicht magische Kraft für die Jagd oder für den Wettbewerb mit anderen Stammesgenossen verleihen sollten. Möglicherweise waren diese wertvollen Objekte nur Schamanen (Zauberern) vorbehalten. Viel plumper als die meisterhaften Tierfiguren ist eine Menschendarstellung mit knopfartigem Kopf vom gleichen Fundort.

Im Gegensatz zum Aurignacien konnte man bisher aus der Kulturstufe des Gravettien (vor etwa 28.000 bis 21.000 Jahren) in Deutschland keine Tierfiguren von Höhlenlöwen entdecken. Der Begriff Gravettien wurde 1938 von der englischen Archäologin Dorothy Garrod (1892–1968) in Cambridge geprägt. Namengebender Fundort ist die Halbhöhle La Gravette bei Bayac im französischen Departement Dordogne. Das Gravettien war in Frankreich, Spanien, Italien, Belgien, Österreich, Deutschland und Tschechien vertreten. Es verschwand in Deutschland vor dem Höchststand der Gletscher, der etwa vor 20.000 Jahren erreicht wurde.

Eine berühmte Fundstelle aus dem Gravettien in Tschechien ist Dolni Vestonice (Unter-Wisternitz) unweit des Zusammenflusses der Svratka und Dyje in Südmähren, etwa 10 Kilometer von der Stadt Mikulov entfernt. Dort hatten sich einst Mammutjäger aufgehalten, von denen bei Ausgrabungen ab 1924 Reste ihrer Behausungen, Jagdbeute und Kunstwerke entdeckt wurden. Zum Fundgut gehören neben einer Frauenfigur aus gebranntem Ton, der so genannten „Venus von Dolni Vestonice", zahlreiche Tierfiguren aus Ton, darunter auch der Kopf einer Höhlenlöwin mit angedeuteten Verwundungen. Aus Pavlov in Tschechien kennt man eine 21,4

Zentimeter lange Elfenbeinfigur, die eine sprungbereite Höhlenlöwin darstellt.

Unter den Tierköpfen aus Ton von der russischen Fundstelle Kostenki I befindet sich ein besonders schöner Kopf einer Höhlenlöwin. Auffälligerweise hat man in Kostenki I viele Knochen von Höhlenlöwen entdeckt, vor allem Schwanzwirbel und Tatzen in richtiger anatomischer Lage. „Das legt die Vermutung auf einen kultischen Brauch nahe", schrieb Rudolf Drößler in seinem Buch „Kunst der Eiszeit. Von Spanien bis Sibirien" (1980).

Die Kulturstufe des Solutréen (vor etwa 22.000 bis 16.500 Jahren) war vor allem in Frankreich, Portugal und Spanien vertreten. Sie ist nach einer Fundstelle bei Solutré-Puilly nahe Mâcon im Departement Saône-et-Loire in Burgund (Frankreich) bezeichnet. Dort fand man an einem steilen Berghang die Knochen von mehr als 100.000 Wildpferden, bei denen es sich um Jagdbeutereste handelt.

Zu den Tierfiguren aus dem Solutréen oder Magdalénien aus der Höhle Isturitz bei Biarritz im Departement Pyrénées-Atlantiques (Frankreich) gehört eine etwa 16 Zentimeter lange Großkatze, die unterschiedlich als Höhlenlöwe oder Säbelzahnkatze gedeutet wird. Der Originalfund dieses 1896 entdeckten Kunstwerkes gilt bereits seit Anfang des 20. Jahrhunderts als verschollen. Davon liegt aber eine Zeichnung aus einer Publikaton des französischen Pfarrers und Archäologen Henri Breuil (1877–1961) vor, die der tschechische Forscher Vratislav Mazak (1937–1987) aus Prag 1970 als Säbelzahnkatze deutete.

In der Kulturstufe des Magdalénien sind in Frankreich

*Gravierungen von Höhlenlöwen aus dem Magdalénien
in der Höhle von Lascaux im Tal der Vézère bei Montignac im Departement Dordogne (Frankreich). Maß-
stab unten rechts: 25 Zentimeter*

und Spanien die schönsten und meisten Höhlenmalereien entstanden, von denen manche auch Höhlenlöwen zeigen. Der Begriff Magdalénien wurde 1869 von dem erwähnten Prähistoriker Gabriel de Mortillet geprägt. Benannt wurde es nach dem Abri (Halbhöhle) La Madeleine gegenüber von Tursac in der Dordogne (Frankreich). Urspünglich hat man das Magdalénien auch „Zeitalter der Rentiere" genannt, weil damals vor allem Rentiere erlegt wurden.

Das Magdalénien währte in Südfrankreich und Nordspanien vor etwa 18.000 bis 11.500 Jahren in einem Gebiet, das während der gesamten jüngeren Altsteinzeit eisfrei war. Deshalb konnten sich dort Menschen selbst zu Zeiten aufhalten, in denen Deutschland vermutlich menschenleer war.

Vor etwa 15.000 Jahren wanderten Magdalénien-Leute auch in Nordfrankreich, Belgien, Südengland, Deutschland und in der Nordostschweiz ein. Vielleicht sind sogar schon vorher vereinzelte Magdalénien-Jäger eingesickert. In Deutschland rechnet man die Zeit vor etwa 15.000 bis 11.500 Jahren dem Magdalénien zu.

Aus dem Magdalénien kennt man in Frankreich und Spanien mehr als 150 Höhlen, die Malereien und Zeichnungen von Wildtieren und ganz selten auch von Menschen zeigen. Zu den grandiosesten Höhlenmalereien aus dem Magdalénien gehören diejenigen von Lascaux im Tal der Vézère bei Montignac im Departement Dordogne (Frankreich) und von Altamira bei Santillana del Mar westlich von Santander in Kantabrien (Spanien).

In Lascaux wurden vor etwa 17.000 bis 15.000 Jahren Auerochsen, Höhlenbären, Wisente, ein „Einhorn"-ähnliches Wesen, Hirsche, Fellnashörner, Wildpferde, Esel,

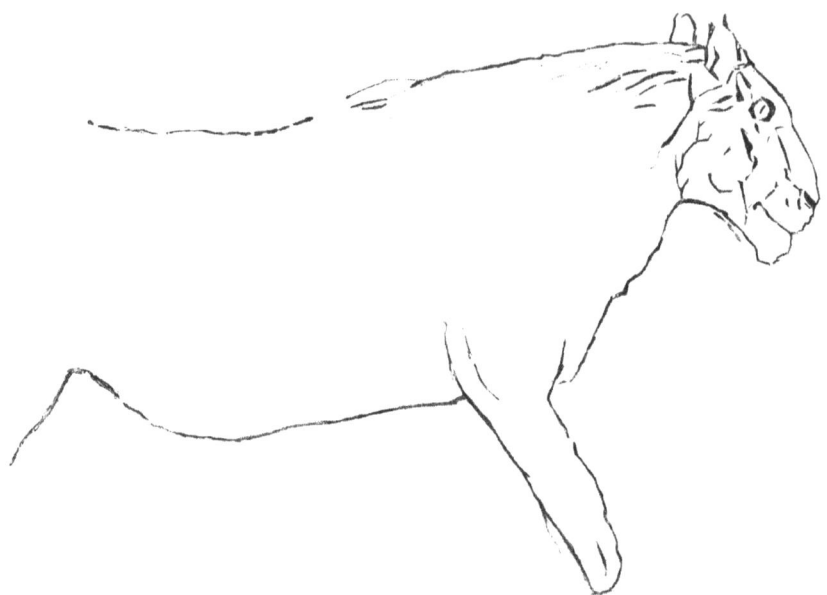

Zeichnung eines Höhlenlöwen aus dem Magdalénien an einer Felswand der Grotte von Les Combarelles bei Les Eyzies-de-Tayac-Sireuil im Departement Dordogne (Frankreich), Länge der Zeichnung etwa 70 Zentimeter, Schulterhöhe ungefähr 68 Zentimeter

Steinböcke, Moschusochsen, Rentiere, Vögel und Raubkatzen dargestellt. Einer der verschiedenen Höhlenräume heißt „Kabinett der Katzentiere". In Lascaux sind insgesamt elf Höhlenlöwen abgebildet. Auf einem Wandbild von Lascaux sind drei Höhlenlöwen zu sehen, von denen zwei von Pfeilen oder Speeren getroffen sind, während beim dritten Tier mutmaßlich Blut aus dem Maul spritzt.

Die Höhle von Lascaux wurde am 12. September 1940 von Marcel Ravidat, Jacques Marsal, George Agnel und Simon Coencas entdeckt und ab 1948 für Besucher geöffnet. Weil das von täglich etwa 1200 Besuchern ausgeatmete Kohlendioxid die eiszeitlichen Bilder beschädigte, hat man die Höhle 1963 für Besucher wieder geschlossen sowie mit einem Belüftungs- und Klimaregulierungssystem ausgestattet. 1983 ist eine exakte Nachbildung der Höhle („Lascaux II") für Besucher eröffnet worden.

Die Höhle von Altamira enthält mehr als 100 Bilder (Gravierungen, Kohlezeichnungen und Farbbilder) mit Darstellungen von Hirschen, Hirschkühen, Bisons, Wildpferden und Wildschweinen, jedoch nicht von Höhlenlöwen. Sie wurde 1879 von einem Jäger durch das Verschwinden eines Jagdhundes entdeckt. Als der Grundbesitzer Don Marcelino Sanz de Sautuola (1831–1888) davon erfuhr, begann er mit Ausgrabungen. Als erste erkannte seine achtjährige Tochter Maria 1879 Bilder von „Rindern" an der Höhlendecke. Nicht lange danach stürzte die Höhle ein. Weil Wissenschaftler jener Zeit die Echtheit und das Alter der Höhlenbilder von Altamira bezweifelten, musste Sautuola fast 23 Jahre auf die Anerkennung warten. 1902 entschuldigte sich der französische Prähistoriker Èmile Cartailhac (1843–1921) in einem Aufsatz („Mea culpa d'un sceptique") bei Sautuola, nachdem 1901 ähnliche Malereien in der Höhle von Font-de-Gaume bei Les Eyzies-de-Tayac-Sireuil im Department Dordogne entdeckt worden waren. Die Höhle von Altamira steht seit 1979 nicht mehr für Besucher offen. 1998 erhielt das spanische Geographie-Institut den Auftrag, den etwa 1500 großen Eingangsbereich der Altamira-Höhle originalgetreu nachzubilden. Diese Rekonstruktion liegt heute etwa 500 Meter von der echten Höhle entfernt. Eine weitere Kopie ist im Deutschen Museum in München zu bewundern.

Als größtes Bild eines Höhlenlöwen gilt eine stark stilisierte Darstellung aus der Höhle La Baume-Latrone bei Nîmes im Departement Gard (Frankreich). Das eiszeitliche Kunstwerk präsentiert einen rund drei Meter langen Höhlenlöwen inmitten von Mammuten und Wildpferden. Der Höhlenlöwe trägt einen mächtigen Kopf mit weit aufgerissenem Maul und furchterregenden Eckzähnen. Rücken, Bauch und Schwanz seines Körpers sind nur durch wenige schwungvolle Linien angedeutet. Diese Zeichnung wurde früher als Reptil oder Fantasiewesen gedeutet.

Zu den schönsten Tierdarstellungen aus dem Magdalénien rechnete der österreichische Paläontologe Othenio Abel (1875–1946) die an einer Felswand der Grotte von Les Combarelles bei Les Eyzies-de-Tayac-Sireuil im Departement Dordogne (Frankreich) erhaltene Löwenzeichnung. Der französische Prähistoriker Henri Breuil (1877–1961) hielt diese Raubkatze für einen männlichen Löwen, Abel dagegen spekulierte, wegen der vom Künstler dargestellten Striche und Streifen auf Kopf und Hals könne es sich um die Wiedergabe einer tiger-artigen Fellzeichnung handeln. In Wirklichkeit handelte es sich bei dem dargestellten Tier mit einer Länge von etwa 70 Zentimetern und einer Schulterhöhe von etwa 68 Zentimetern um einen Höhlenlöwen.

In der 1914 durch drei Söhne des Prähistorikers Henri Graf Begouën (1863–1956) entdeckten Höhle Les Trois Frères („Dreibrüder-Höhle") bei Montesquieu-Avantés im Departement Ariège sind insgesamt sechs Höhlen-löwen zu bewundern. Bekannt aus dieser Höhle sind vor allem Bilder von Schamanen (Zauberern), von denen einer eine Flöte blasend vor zwei Tieren steht und der andere mit einem Fell bekleidet und maskiert einen Zaubertanz vollführt.

Auf einem Bild in der Höhle von Font-de-Gaume bei Les Eyzies-de-Tayac-Sireuil im Departement Dordogne stehen sich ein mähnenloser Höhlenlöwe und mehrere Wildpferde gegenüber. Ein fragmentarisch erhaltener Lochstab von Laugerie Basse in der Dordogne zeigt auf einer Seite zwei Höhlenlöwen und auf der anderen zwei Wildpferde.

Ein Höhlenlöwe ohne Kopf zählt zu den zahlreichen Gra-vierungen auf Steinplatten aus dem Magdalénien vor mehr als 11.500 Jahren von Gönnersdorf bei Neuwied in Rheinland-Pfalz. Sie wurden im März 1968 bei Ausschachtungsarbeiten für einen Neubau entdeckt. Bei Ausgrabungen des Prähistorikers Gerhard Bosinski fand man nahezu 200 Darstellungen von Tieren und etwa 400 von stilisierten Frauen ohne Kopf und Füße. Diese Mo-tive wurden in grauschwarze Schieferplatten graviert, die in den Behausungen von Jägern und Sammlern als Fußböden dienten. Man trat also die Kunst regelrecht mit Füßen. Nachdem die Gravierungen ihre magische oder kultische Aufgabe offensichtlich erfüllt hatten, ließ man sie einfach liegen. Unter den Gönnersdorfer Tierdarstellungen überwiegen eindeutig Abbildungen vom Wildpferd (74mal) und Mammut (61mal). Seltener sind Gravierungen vom Fellnashorn, Hirsch, Elch oder der Saiga-Antilope, Auerochsen, Wisent, Wolf, Höhlenlöwen, Fisch, Vogel oder der Robbe.

Besonders eindrucksvoll ist der auf der 17,2 Zentimeter langen Rippe eines Hornträgers (Boviden) dargestellte „Löwenfries" aus der Höhle La Vache im Departement Ariège (Frankreich). Auf der schon in alter Zeit zerbrochenen Rippe sind drei Höhlenlöwen zu erkennen. Derjenige in der Mitte ist vollständig sichtbar und rund 10 Zentimeter lang. Vom linken Höhlenlöwen sieht man nur noch das Hinterteil und den Schwanz, vom rechten lediglich die Schnauze. Das Fell dieser Raubkatzen hat man durch zahlreiche kleine Stiche markiert. Über dem mittleren Höhlenlöwen befinden sich drei, über dem linken zwei rechteckige Gebilde, die vielleicht Wolfszähne symbolisieren sollen.

Auf einem etwa 11,5 Zentimeter langen Tierknochenfragment aus Laugerie-Basse im Department Dordogne (Frankreich) ist der Rest einer Gravierung erkennbar, die einst vermutlich einen kompletten Höhlenlöwen darstellte. Auf dem Bruchstück sind nur noch das Hinterteil und der lange Schwanz mit Fellquaste zu sehen.

Ein verzierter Geweihrest von einem Rentier aus der Höhle von Gourdan im Departement Haute Garonne (Frankreich) zeigt Tiere, Tierköpfe, Tierfährten und geheimnisvolle Zeichen. Unter diesen Motiven ist auch der Höhlenlöwe mit zwei Pfotenabdrücken vertreten.

Gravierungen auf Kalksteinplatten in der Höhle La Marche bei Poitiers im Departement Vienne (Frankreich) zeigen aggressiv wirkende Höhlenlöwen mit offenem Maul und sichtbaren Eckzähnen (Fangzähnen). Auf einem großen Kalksteinblock kann man zwei Vorderpranken erkennen, bei denen es sich um den Rest einer kompletten Höhlenlöwen-Darstellung handeln könnte. Die Kalksteine sind in die Höhle gebracht worden, deren poröse Felswände sich nicht für Gravierungen oder Malerien eigneten.

Im Vergleich zu anderen eiszeitlichen Wildtieren sind Höhlenlöwen viel seltener von den Jägern und Sammlern dargestellt worden. Als der Pariser Prähistoriker André Leroi-Gourhan (1911–1986) die Darstellungen aus 66 von 110 damals bekannten Bilderhöhlen und Abris aus Frankreich und Spanien katalogisierte unterschied er 610 Wildpferde, 510 Bisons, 205 Mammute, 176 Steinböcke, 137 Rinder, 135 Hirschkühe, 112 Hirsche, 84 Rentiere, 36 Bären, aber nur 29 Höhlenlöwen, 16 Fellnashörner, 8 Damhirsche, 3 unbestimmbare Raubtiere, 2 Wildschweine, 2 Gemsen und 1 Saiga-Antilope sowie 6 Vögel, 8 Fische und 9 Monster bzw. Mischwesen oder Fabeltiere. Löwen und Fellnashörner wurden nach seinen Erkenntnissen meist am Höhlenende dargestellt.

Männlicher Löwe (Panthera leo) in Namibia. Dieses Foto von Kevin Pluck aus London wurde im Online-Lexikon „Wikipedia" in die Liste der exzellenten Bilder aufgenommen.

Löwen der Gegenwart

Heute lebt der Löwe (*Panthera leo*), altertümlich auch Leu genannt, nur noch in Afrika und Asien (Indien). Er gilt nach dem Tiger (*Panthera tigris*) als zweitgrößte Katze und größtes Landraubtier in Afrika. Die größten Löwen gibt es in Afrika, die kleinsten in Asien. In der wissenschaftlichen Systematik gehört der gegenwärtige Löwe zur Ordnung der Raubtiere (Carnivora), Überfamilie der Katzenartigen (Feloidea), Familie der Katzen (Felidae), Unterfamilie der Großkatzen (Pantherinae), Gattung Panthera und Art Löwe.

Der wissenschaftliche Name *Panthera leo* geht auf den schwedischen Naturforscher Carl von Linné (1707–1778), auch Linnaeus genannt, zurück. Dieser hat die „binäre Nomenklatur" eingeführt, die jeder Pflanzen- und Tierart einen lateinischen Doppelnamen, bestehend aus Gattungsnamen (groß geschrieben) und Artnamen (klein geschrieben) gibt. Die Abkürzung „L." besagt jeweils, unter diesem Namen zuerst von Linnaeus beschrieben.

Die Größenangaben über heutige Löwen in der Literatur sind sehr unterschiedlich. Laut der Publikation „Der Löwenmensch" von Brigitte Reinhardt und Kurt Wehrberger zum Beispiel hat ein heutiger Löwe eine Kopfrumpflänge zwischen etwa 1,40 und 1,90 Meter (dazu kommt noch der Schwanz) und ein Gewicht bis zu 190 Kilogramm.

In Zoos und in Zirkussen gehaltene Löwen mit guter Fütterung und wenig Bewegung erreichen gelegentlich ein Gewicht von mehr als 300 Kilogramm. Löwen haben im Schnitt eine größere Schulterhöhe als Tiger, sind aber etwas kürzer.

Schädel heutiger Löwen sind etwa 30 bis 35 Zentimeter lang. Ihr Gebiss besteht aus fast 30 Zähnen, wobei die Eckzähne im Ober- und Unterkiefer stark verlängert sind. Eckzähne (Fangzähne) heutiger Löwen ragen rund sechs Zentimeter aus dem Kieferknochen.

Das kurze Fell heutiger Löwen kann sandfarben oder gelblich bis dunkelocker gefärbt sein. Unterseite und Beininnenseiten sind immer heller. Jetzige Löwenmännchen tragen im Gegensatz zu Löwenweibchen eine lange Mähne. Man kennt Löwenmähnen in dunkelbrauner, schwarzer, hellbrauner oder rotbrauner Farbe. Seltenheiten sind Löwen mit weißem Fell, deren Farbe über ein rezessives Gen vererbt wird.

Der Schwanz der Löwen endet mit einer schwarzen Quaste. Darin befindet sich ein zurückgebildeter Wirbel (Hornstachel).

Der Löwe hatte – laut „Wikipedia" – einst das größte Verbreitungsgebiet aller Landsäugetiere. Dieses reichte von Peru über Alaska, Sibirien und Mitteleuropa bis nach Indien und Südafrika. Einen erheblichen Teil dieses riesigen Verbreitungsgebietes verlor der Löwe aber bereits gegen Ende des Eiszeitalters vor etwa 11.700 Jahren.

Zum geschichtlichen Verbreitungsgebiet des Löwen gehörten große Teile Afrikas, das südliche Europa sowie Vorderasien und Indien. Zahlreiche Gelehrte – wie Herodot oder Aristoteles – berichteten, dass in der Antike noch Löwen auf dem Balkan lebten. Der Löwe ist vermutlich durch menschliches Zutun im 1. Jahrhundert n. Chr. ausgestorben.

In der Gegenwart ist der Löwe hauptsächlich in Afrika südlich der Sahara heimisch. Nördlich der Sahara starb diese Großkatze in den 1940-er Jahren aus. Die Bestände des Löwen in Asien wurden während des 20. Jahrhunderts fast vollständig ausgelöscht. Nur im Gir-Nationalpark in Gujarat (Indien) konnte sich ein Löwenrestbestand des Indischen Löwen (*Panthera leo goojratensis*) behaupten.

Der Löwe lebt vor allem in Steppen und Savannen, kommt aber auch in Trockenwäldern und Halbwüsten vor. In dichten, feuchten Urwäldern oder wasserlosen Wüsten findet man ihn in Wirklichkeit nie, sondern nur in schlechten Filmen. Der oft zu lesende oder zu hörende Begriff „Wüstenkönig" für den Löwen ist also unzutreffend.

Die Zahl der heute noch in freier Wildbahn lebenden Löwen wird auf etwa 16.000 bis 30.000 Tiere geschätzt. 2004 berichtete die „International Union for Conservation of Nature and Natural Resources" (IUCN, deutsch: Internationale Naturschutzunion), dass die Löwenbestände weltweit in den letzten 20 Jahren um schätzungsweise 30 bis 50 Prozent zurückgegangen sind.

Im Gegensatz zu anderen Großkatzen leben heutige Löwen im Rudel. Ein Löwenrudel umfasst vier bis zwölf untereinander verwandte Weibchen (Mütter, Töchter, Schwestern, Kusinen, Tanten, Nichten) und ein bis sechs ausgewachsene Männchen. Die Größe eines Löwenrudels hängt stark vom lokalen Beutetierangebot ab und die Größe des Reviers wiederum von der Rudelgröße und dem Beutetierangebot.

Junge Löwenmännchen werden nach spätestens drei Jahren, wenn sie geschlechtsreif sind und ihre Mähne zu

Löwin im Etosha Nationalpark in Namibia, fotografiert von Lothar Henke aus Pirna. Löwenweibchen bleiben meistens ihr ganzes Leben lang in dem Rudel, in dem sie geboren wurden.

sprießen beginnt, von den erwachsenen Männchen aus dem Rudel vertrieben. Vielfach entfernen sie sich zusammen mit Brüdern und Vettern und bilden eine Bande. Mitunter lösen sie sich aber auch einzeln vom Rudel und schließen sich mit anderen nomadisierenden Männchen zusammen. Sobald sie etwa fünf Jahre alt sind, greifen Junggesellen männliche Tiere fremder Rudel an. Wenn eine Bande junger Löwen ein Rudel erobern will, muss sie alte Revierbesitzer vertreiben oder im Kampf besiegen. Derartige Rangordnungskämpfe enden meist blutig und nicht selten tödlich für einen der Beteiligten. Neue Rudelführer töten oft die Jungen ihrer Vorgänger. Meistens werden die führenden älteren Männchen eines Rudels alle zwei oder drei Jahre von jüngeren und stärkeren Artgenossen abgelöst. Die Weibchen dagegen bleiben meistens ihr ganzes Leben lang in dem Rudel, in dem sie geboren wurden. Fremde Löwinnen, die in das Revier eines Rudels eindringen, werden daraus vertrieben oder sogar getötet.

Auch der Anführer eines Löwenrudels kann sich mit einem Weibchen aus seinem „Harem" nur mit dessen Zustimmung paaren. Zur Paarung bereite Weibchen legen sich auf den Bauch und erlauben dem Männchen, es zu besteigen. Während des Geschlechtsaktes beißt das Männchen das Weibchen in den Nacken, wodurch dieses instinktiv stillhält. Falls eine Löwin die Kopulation zulässt, findet diese etwa alle 15 Minuten bis zu insgesamt etwa 40-mal am Tag statt, wobei ein Kopulationsakt etwa 30 Sekunden dauert. Nach etwa fünf Tagen ist die Paarungsbereitschaft des Weibchens vorbei.

Nach viermonatiger Tragzeit bringt eine schwangere Löwin – abseits vom Rudel versteckt – ein bis vier blin-

Junglöwen im Etosha Nationalpark in Namibia warten auf die Heimkehr ihrer Mütter von der Jagd. Ein Foto von Kevin Pluck aus London

de Junge zur Welt. Die Neugeborenen wiegen jeweils etwa 1,5 Kilogramm und sind von der Kopf- bis zur Schwanzspitze rund 50 Zentimeter lang. Etwa sechs bis acht Wochen wird der Nachwuchs von der Mutter gesäugt. Während dieser Zeit bleiben die Jungen im Versteck.

Wenn das Versteck der kleinen Löwen weit vom Rudel entfernt liegt, geht die Mutter allein auf die Jagd. Die Abwesenheit der Mutter kann bis zu zwei Tage dauern. Dies ist wegen Hyänen und anderer Raubtiere für den Löwennachwuchs nicht ungefährlich.

Nach maximal zwei Monaten führt die Löwenmutter ihre Jungen zum Rudel, wo sie fast immer akzeptiert werden. Der Nachwuchs saugt von da ab nicht nur bei der Mutter, sondern auch bei anderen Weibchen. Die Erziehung erfolgt also durch alle Löwinnen eines Rudels. Im Alter von etwa einem halben Jahr werden Löwenjunge entwöhnt und bleiben dann noch ungefähr zwei Jahre bei ihrer Mutter.

Löwen jagen in Gebieten mit wenig Deckungsmöglichkeiten häufig in dunkler Nacht, in Gegenden mit üppigem Pflanzenbewuchs oft auch am helllichten Tag.

Zu ihren Beutetieren zählen vor allem Antilopen, Gazellen, Gnus, Büffel und Zebras. Sie verschmähen aber auch Hasen, Vögel oder Fische nicht, wenn sie derer habhaft werden können. Ein hungriger Löwe kann bis zu 18 Kilogramm Fleisch auf einmal verschlingen.

In manchen Fällen machten Löwen in Afrika gezielt Jagd auf Menschen. Das war 1898 der Fall, als zwei Löwen im damaligen Britisch-Ostafrika, dem heutigen Kenia, viele indische und afrikanische Arbeiter, die beim Bau einer Eisenbahnbrücke über den Tsavo-Fluss eingesetzt waren, töteten. Die Zahl der Todesopfer schwankt zwischen 14 und 135. Als die beiden Löwen sogar in Camps eindrangen, die mit hohen Dornenwällen geschützt waren und dort Menschen töteten und fraßen, kamen die Bauarbeiten zum Erliegen. Es dauerte neun Monate, bis die zwei menschenfressenden Löwen aufgespürt und erlegt werden konnten. Diese dramatischen Ereignissen führten zu zwei reißerischen Hollywood-Filmen: „Bwana, der Teufel" (1952) und „Der Geist und die Dunkelheit" (1996).

Junglöwen begleiten im Alter von etwa drei Monaten erstmals ihre Mutter bei der Jagd. Sie beherrschen die Jagdkunst erst im Alter von zwei Jahren.

Weil Löwen keine ausdauernden Läufer sind und ihre Höchstgeschwindigkeit bis zu etwa 60 Stundenkilometer nicht lange durchhalten können, pirschen sie sich bis auf wenige Meter an Beutetiere heran. Das Heranschleichen in geduckter Haltung erfolgt oft über mehrere hundert Meter, wobei mit zunehmender Nähe immer mehr auf die Deckung geachtet wird. Sobald die Distanz nur noch etwa 30 Meter beträgt, springt der Löwe die Beute mit mehreren kraftvollen Sätzen an. Jeder Sprung bringt den Löwen etwa sechs Meter weiter. Das Beutetier wird mit den Pranken gepackt und umgeworfen. Kleinere Tiere werden mit einem Biss in den Nacken getötet, größere durch einen Biss in die Kehle oder in die Schnauze erstickt.

Löwinnen jagen oft gemeinsam und treiben sich dabei gegenseitig Beutetiere zu. Nur etwa jeder vierte oder fünfte Jagdversuch endet erfolgreich. Gemeinsame Jagd hat für Löwen den Vorteil, dass die Beute leichter gegen andere Raubtiere – wie Wildhunde oder Hyänen – verteidigt werden kann.

Männchen eines Rudels beteiligen sich nur sehr selten an der Jagd. Dies geschieht zum Beispiel dann, wenn sehr große und starke Beutetiere – wie etwa Büffel – angegriffen werden. Wenn es ans Fressen der Beutetiere geht, darf der Anführer als Erster zubeißen, dann folgen die ranghöchsten Weibchen und zuletzt die Jungen. Am Kadaver eines erlegten Beutetieres gibt es nicht selten Rangordnungskämpfe, bei denen sich schwächere Mitglieder des Rudels blutige Wunden holen.

Ältere Löwenmännchen, die aus einem Rudel vertrieben worden sind und denen das Jagen schwer fällt, fressen notgedrungen auch Aas. Dabei gehen sie oft sehr rabiat vor, indem sie andere Raubtiere – wie Leoparden oder Geparden – von ihrer Beute vertreiben. Häufig machen Löwen auch Tüpfelhyänen ihre Beute abspenstig und nicht umgekehrt, wie man früher glaubte.

Löwen sind nicht so reinlich wie Hauskatzen. Sie reinigen nur den Nasenrücken. Gegenseitige Fellpflege kommt nur bei groben Verschmutzungen – etwa durch Blut der Beutetiere – vor.

Das laute und charakteristische Brüllen des Löwen und anderer zur Gattung *Panthera* gehörender Großkatzen wird – wie neuere Untersuchungen belegen – vor allem durch eine spezielle Morphologie des Kehlkopfes ermöglicht. Das knurrende oder brummende Schnurren erfolgt nur beim Ausatmen.

Ein Löwe kann bis zu 20 Jahre alt werden. Ein solches Alter erreichen aber meistens nur Weibchen, weil Männchen lange vorher von einem jüngeren Konkurrenten vertrieben oder getötet werden. Vertriebene Anführer finden oft kein Rudel mehr und verhungern. Im Zoo haben Löwen schon ein Alter bis zu 34 Jahren erreicht.

Unterarten des Löwen

In der Literatur werden etliche Unterarten des Löwen beschrieben, doch anerkannt sind nur wenige davon. Neuere molekulargenetische Untersuchungen deuten darauf hin, dass die heutigen afrikanischen Löwen alle zur selben Unterart gehören.

Asiatischer Löwe oder Persischer Löwe (*Panthera leo persica*)
Diese Unterart ähnelt sehr dem heutigen Afrikanischen Löwen. Molekularbiologischen Untersuchungen zufolge spaltete sich der Asiatische Löwe in der Zeit vor etwa 100.000 bis 50.000 Jahren vom Afrikanischen Löwen ab. Der Asiatische Löwe wird auch Persischer Löwe genannt.

Berberlöwe (*Panthera leo leo*)
Der Berberlöwe mit einer besonders mächtigen Mähne starb 1922 in Nordafrika aus. Er hatte sich bis dahin im Atlas-Gebirge behauptet und war ein Opfer menschlicher Nachstellung geworden. Es ist nicht bekannt, ob die europäischen Löwen zu dieser Unterart gehörten. In Zoos von Wien und Dortmund werden Löwen gezüchtet, die Berberlöwen äußerlich ähneln und offenbar Berberlöwen-Blut in sich tragen.

Indischer Löwe (*Panthera leo goojratensis*)
Im Gir-Nationalpark in Indien leben heute noch etwa 300 Indische Löwen. Sie sind durch starke Inzucht bedroht.

Kaplöwe (*Panthera leo melanochaitus*)
Der Kaplöwe in Südafrika ist im 19. Jahrhundert ausgestorben. Er wurde das Opfer von Großwildjägern. Nach
neueren Erkenntnissen handelte es sich nicht um eine
eigene Unterart.

Transvaal-Löwe (*Panthera leo krugeri*)
Der Transvaal-Löwe aus dem nordöstlichen Südafrika
ist noch im Krüger-Nationalpark zu sehen.

Massai-Löwe (*Panthera leo massaicus*)
Der Massai-Löwe aus Ostafrika lebt von Äthiopien, Kenia, Tansania bis nach Mosambik.

Senegal-Löwe (*Panthera leo senegalensis*)
Der Senegal-Löwe ist im Westen Afrikas von Senegal
bis Nigeria heimisch.

Angola-Löwe oder Katanga-Löwe
(*Panthera leo bleyenberghi*)
Der Angola-Löwe oder Katanga-Löwe lebt im südwest-
lichen Afrika.

*

Mazori-Löwe
Der Mazori-Löwe ist ein angeblich gefleckter Löwe mit
kurzer Mähne, der nach Ansicht von Kryptozoologen
im Hochland von Kenia leben soll. Im Naturhistorischen
Museum in London wird das Fell eines derartigen Löwen aufbewahrt. Vermutungen, solche Löwen seien
Hybride aus Löwen und Leoparden, gelten als unwahr-

scheinlich. In Gefangenschaft gab es bereits mehrfach Hybriden aus Löwen und Leoparden, deren Fell aber ein anderes Muster als das Mazori-Fell in London aufweisen.

Wissenschaftsautor Ernst Probst

Der Autor

Ernst Probst, geboren am 20. Januar 1946 in Neunburg vorm Wald im bayerischen Regierungsbezirk Oberpfalz, ist Journalist und Buchautor. Er arbeitete von 1968 bis 1971 als Volontär und Redakteur bei den „Nürnberger Nachrichten", von 1971 bis 1973 in der Zentralredaktion des „Ring Nordbayerischer Tageszeitungen" in Bayreuth und von 1973 bis 2001 bei der „Allgemeinen Zeitung", Mainz. Von 2001 bis 2006 war er zunächst als Buchverleger und später auch als Fossilien- und Antiquitätenhändler aktiv.

In seiner Freizeit schrieb Ernst Probst vor allem populärwissenschaftliche Artikel für die „Frankfurter Allgemeine Zeitung", „Süddeutsche Zeitung", „Die Welt", „Frankfurter Rundschau", „Neue Zürcher Zeitung", „Tages-Anzeiger", Zürich, „Salzburger Nachrichten", „Oberösterreichische Nachrichten", Linz, „Die Zeit", „Rheinischer Merkur", „Deutsches Allgemeines Sonntagsblatt", „bild der wissenschaft", „kosmos", „Deutsche Presse-Agentur" (dpa), „Associated Press" (AP) und den „Deutschen Forschungsdienst" (df).

Aus der Feder von Ernst Probst stammen zahlreiche Beiträge der Buchreihe „Geschichten, die die Forschung schreibt" sowie die Bücher „Deutschland in der Urzeit" (1986), „Deutschland in der Steinzeit" (1991), „Rekorde der Urzeit" (1992), „Dinosaurier in Deutschland" (1993 zusammen mit Raymund Windolf) und „Deutschland in der Bronzezeit" (1996).

2001 veröffentlichte Ernst Probst eine 14-bändige Taschenbuchreihe mit Biografien über berühmte Frauen („Superfrauen"). Insgesamt publizierte er mehr als 100 Bücher, Taschenbücher, Broschüren und E-Books, darunter „Königinnen der Lüfte", „Königinnen des Tanzes", „Superfrauen aus dem Wilden Westen", „Julchen Blasius. Die Räuberbraut des Schinderhannes", „Der Schwarze Peter. Ein Räuber im Hunsrück und Odenwald", „Johann Jakob Kaup. Der große Naturforscher aus Darmstadt", „Monstern auf der Spur. Wie die Sagen über Drachen, Riesen und Einhörner entstanden", „Nessie. Das Monsterbuch" sowie etliche Titel über Dinosaurier und Raubkatzen.

Zusammen mit seiner Ehefrau Doris gab Ernst Probst die Titel „Der Ball ist ein Sauhund. Weisheiten und Torheiten über Fußball" sowie „Worte sind wie Waffen. Weisheiten und Torheiten über die Medien" heraus. Gemeinsam mit seiner Tochter Sonja war er Herausgeber des Titels „Meine Worte sind wie die Sterne. Die Entstehung der Rede des Häuptlings Seattle".

In Teamarbeit mit dem Paläontologen Dr. Jens Lorenz Franzen (früher Forschungsinstitut Senckenberg in Frankfurt am Main) aus Titisee-Neustadt und Altbürgermeister Heiner Roos aus Eppelsheim veröffentlichte Ernst Probst den Museumsführer „Das Dinotherium-Museum in Eppelsheim".

Literatur

ABEL, Othenio: Die vorzeitlichen Säugetiere, Jena 1914

ABEL, Othenio: Lebensbilder aus der Tierwelt der Vorzeit, Jena 1921

BARTON, Miles: Wildes Amerika. Zeugen der Eiszeit, Köln 2003

BARYSHNIKOV, Gennady F. / BOESKOROV, Gennady: The Pleistocene cave lion, *Panthera spelaea* (Carnivora, Felidae) from Yakutia. Cranium 18, S. 7–24, Amsterdam 2001

COX, Barry / DIXON, Dougal / GARDINER, Brian / SAVAGE, R. J. G.: Dinosaurier und andere Tiere der Vorzeit, München 1989

GOLDFUSS, Georg August: Die Umgebungen von Muggendorf, Erlangen 1810

HARINGTON, Charles Richard: Annotated Bibliography of Quaternary Vertebrates of Northern North America. Toronto 2003

HEMMER, Helmut: Fossilbelege zur Verbreitung und Artgeschichte des Löwen, *Panthera leo* (Linné, 1758). Säugetierkundliche Mitteilungen 15, S. 289 300, München 1967

HEMMER, Helmut: Untersuchungen zur Stammesgeschichte der Pantherkatzen (Pantherinae), Teil III. Zur Artgeschichte des Löwen Panthera (Panthera) leo (Linnaeus 1758). Veröffentlichungen der Zoologischen Staatssammlung München, Band 17, S. 167–280, München 1974

HEMMER, Helmut: Pleistozäne Katzen Europas – eine Übersicht. Cranium, Amsterdam 2004

KAHLKE, Hans-Dietrich: Die Eiszeit, Leipzig 1994

LEIDY, Joseph: Transactions of the American Philosophical Society, NS, 10, Philadelphia 1853

PROBST, Ernst: Deutschland in der Urzeit, München 1986

PROBST, Ernst: Wie die Löwen die Welt eroberten. Aus: PREUSS, Karl-Heinz / SIMEN, Rolf H.; Geschichten, die die Forschung schreibt, Band 9, 60 Reisen durch die Wissenschaft, S. 71–73, Bonn 1990

PROBST, Ernst: Deutschland in der Steinzeit, München 1991

PROBST, Ernst: Rekorde der Urzeit. Landschaften, Pflanzen und Tiere, München 2008

PROBST, Ernst: Rekorde der Urmenschen. Erfindungen, Kunst und Religion, München 2008

PROBST, Ernst: Höhlenlöwen. Raubkatzen im Eiszeitalter, München 2009

PROBST, Ernst: Säbelzahnkatzen. Von Machairodus bis zu Smilodon, München 2009

PROBST, Ernst: Eiszeitliche Raubkatzen in Deutschland, München 2011

PROBST, Ernst: Der Amerikanische Höhlenlöwe. Der größte Löwe aller Zeiten, München 2011

REINHARDT, Brigitte / WEHRBERGER, Kurt: Der Löwenmensch. Ulmer Museum, Ulm 2005

VERESHCHAGIN, Nikolai K.: Le lion des cavernes: *Panthera (Leo) spelaea* Goldfuß et son histoire dans l'Holartique. Aus: Études sur le Quaternaire dans le monde. VIII Congrés INQUA, 1, S. 463–464, Paris 1969

WAGNER, Eberhard: Eine Löwenkopfplastik aus Elfenbein von der Vogelherdhöhle. Fundberichte aus Baden-Württemberg, S. 29–58, Stuttgart 1981

WEHRBERGER, Kurt: Raubkatzen in der Kunst des Jungpaläolithikums. Aus: Der Löwenmensch, S. 53–76, Sigmaringen 1994

WEHRBERGER, Kurt / REINHARDT, Brigitte: Der Löwenmensch: Geschichte – Magie – Mythos, Ulm 2005

WIKIPEDIA Freie Enzyklopädie http://wikipedia.org

Bildquellen

Archiv Natuurhistorisch Museum Rotterdam: 22
Dr. Gennady Baryshnikov, Zoological Institute of Russian Academy of Sciences, St. Petersburg: 14 oben
Dr. Gennady Boeskorov, Mammoth Museum of the Institute of Applied Ecology of the Academy of Sciences of The Sakha Republic (Yakutia), Jakutsk: 14 unten
Dr. Cajus G. Diedrich Palaeologic, Halle/Westfalen: 13 oben
Alyssa Ganezer, Santa Monica, Kalifornien: 29
André Glory, Paris: 50
Heinrich Harder (1858–1935), Gemälde zur Illustration von 30 Sammelkarten mit dem Titel „Tiere der Urwelt" um 1920: 7 oben, 10, 25
Dr. Charles Richard (Dick) Harington, Curator of Quaternary Zoology Emeritus, Canadian Museum of Nature, Ottawa, Ontario: 7 (2. Foto von oben), 18, (Foto: Richard Harrington): 16
Tansy Jefferies, Fort Lauderdale, Florida: 20
Hristo Peshev, Blagoevgrad, Bulgarien: 30
Pixelio, Bilderdatenbank für lizenzfreie Fotos, http://www.pixelio.de
Pixelio-Mitglied Lothar Henke, Pirna: 62
Pixelio-Mitglied Richard Scharpenberg, Castrop-Rauxel: 24
Kevin Pluck (yaaaay), London / CC-BY2.0: 7 unten, 58 (via Wikimedia Commons), lizensiert unter Creative Commons-Lizenz by-2.0-de http://creativecommons.org/licenses/by/2.0/legalcode

Bücher von Ernst Probst

Eiszeitliche Raubkatzen
in Deutschland

Eiszeitliche Leoparden
in Deutschland

Eiszeitliche Geparde
in Deutschland

Säbelzahnkatzen
Von Machairodus bis zu Smilodon

Die Säbelzahnkatze
Machairodus

Die Säbelzahnkatze
Homotherium

Die Dolchzahnkatze
Megantereon

Die Dolchzahnkatze
Smilodon

Meine Worte sind wie die Sterne
Die Entstehung der Rede des Häuptlings Seattle
(zusammen mit Sonja Probst)

Die Bronzezeit
Die Aunjetitzer Kultur
Die Straubinger Kultur
Die Adlerberg-Kultur
Die nordische Bronzezeit
Die Hügelgräber-Kultur
Die Lüneburger Gruppe in der Bronzezeit
Die Stader Gruppe in der Bronzezeit
Die Urnenfelder-Kultur
Die Lausitzer Kultur

Deutschland in der Frühbronzezeit
Deutschland in der Mittelbronzezeit
Deutschland in der Spätbronzezeit

Österreich in der Frühbronzezeit
Österreich in der Mittelbronzezeit
Österreich in der Spätbronzezeit

Die Schweiz in der Frühbronzczeit
Die Schweiz in der Mittelbronzezeit
Die Schweiz in der Spätbronzezeit

Superfrauen 1 – Geschichte
Superfrauen 2 – Religion
Superfrauen 3 – Politik
Superfrauen 4 – Wirtschaft und Verkehr
Superfrauen 5 – Wissenschaft
Superfrauen 6 – Medizin
Superfrauen 7 – Film und Theater
Superfrauen 8 – Literatur
Superfrauen 9 – Malerei und Fotografie
Superfrauen 10 – Musik und Tanz
Superfrauen 11 – Feminismus und Familie
Superfrauen 12 – Sport
Superfrauen 13 – Mode und Kosmetik
Superfrauen 14 – Medien und Astrologie

Malende Superfrauen

Superfrauen aus dem Wilden Westen

Königinnen der Lüfte in Deutschland
Biografien berühmter Fliegerinnen

Königinnen des Tanzes
Biografien berühmter Tänzerinnen

Der Schwarze Peter
Ein Räuber im Hunsrück und Odenwald

Julchen Blasius
Die Räuberbraut des Schinderhannes

Der Ball ist ein Sauhund
Weisheiten und Torheiten über Fußball
(zusammen mit Doris Probst)

Worte sind wie Waffen
Weisheiten und Torheiten über die Medien
(zusammen mit Doris Probst)

Bestellungen bei:
http://www.grin.com